How to Hug
a Porcupine

Easy Ways to Love
the Difficult People
in Your Life

如何
搞定一个
难搞的人

和 刺 儿 头 好 好 相 处

［美］琼·艾丁（June Eding）—— 编　　江璠 —— 译

后浪出版公司　　上海文化出版社

前言

这本书是一件充满能量的工具。

事实上，如果我们按照书上建议行事，它的力量可以带领我们心怀同情，走向和谐，拥抱一个更加美好的世界。

那么我们该怎么做到这点呢？

这本书提醒我们，人们都拥有主导自身态度、情感以及行为的能力。我们可以通过行为选择来免除外界困难的影响，保持内心的平和，避免不必要的痛苦。

如果你是那种会让审视的"棘刺"倒转而刺伤

自己的类型，这本书便能够帮助你培养接纳自我的能力。如果他人挑衅和伤害你的行为让你愤愤不平，书中的策略便能帮助你冷静下来，让你心态稳定。如果你曾被他人的棘刺误伤，本书能帮助你不让伤害留在心底。

通过这些周到而简单的策略，《如何搞定一个难搞的人》会告诉你，如何尊重本书中描述的这种难搞的人——豪猪型性格者——身上的棘刺，同时接纳他们。这本书能让你学会无条件地接受自己和他人。

杰出的心理学先驱阿尔伯特·艾利斯博士教会我们：只要懂得方法，就不会被他人影响情绪。我们反而可以理智地思考、冷静地感受，以体贴、善意与共情之心驱使行动。我们可以学会规避非理性的思维与行为，不在受到威胁或刺激的环境下不由自主地竖起棘刺。即使你在与豪猪型性格者沟通时吃了闭门羹，你的慷慨坦诚也不是没有用的。每当我们对他人展现善意、同情及无条件的包容时，我们也在内心巩固着这些美好品质，成就着更好的自己。

《如何搞定一个难搞的人》可能会改变你的一生。

本书可以供人随时学习、欣赏和应用。事实上，时常翻阅这本书能让我们受益匪浅。我们都会得益于书中的提示，不断重复地运用这些策略能够消除持续的消极倾向。请坚持去实践这些原则，再把此书分享给他人，通过效仿这些原则来影响你身边的人。

人生短暂，时间宝贵。把时间浪费在自我防御和攻击他人或是愤懑不平和惶恐不安中都是很可惜的。我们应当向他人展示自己的耐心、共情、怜悯、善良、理解以及无条件的包容。请努力在自己内心及周围创造更加和谐的氛围，你便能帮助创造一个更加健康、理性的世界。

这本书可以被用作一剂疫苗，可以被视作一个急救箱，还可以充当一瓶疗伤膏，但最重要的是，它是维护我们情绪、心灵健康和福祉的有效工具。让这本书来帮助你提高对自己内心和精神的关注吧。

请将书中的内容应用于你的生活，你会为自己、他人及周围的世界带来安定、和睦与快乐。

黛比·约菲·艾利斯博士

出版人寄语

　　我们总会遇到一些令人觉得很难相处的人。我们也许是在工作中或家庭场合遇到他们的，也许是通过朋友认识他们的，也许这样的人太多了，在日常生活中随处可见。

　　遗憾的是，就算这些豪猪型性格者让我们感到棘手，我们还是需要和他们打交道。

　　在接下来的篇章中，你将会找到应对这些棘手性格的策略。这件事至关重要，不仅是因为我们需要学会如何与豪猪型性格者交往，还因为它有助于我们学会接纳那些与我们不同的人。

他人能挑战我们，帮助我们提升。他们能让我们成为更好的自己。

安德鲁·弗拉赫

目　录

第一部分

豪猪的天性

人生中最大的幸福就是确信自己被人爱着——有人因为我们身上的某些东西而爱着我们，或更有甚者，不介意我们身上的某些东西，依然爱着我们。

——法国作家维克多·雨果

千百年来，全球各地文化中都有用动物特征来类比和描述人类个性的情况。例如，在印第安文化中，每个部落成员都必须接受一种神秘的仪式，来确定自己的动物守护神。随后，这种动物便会成为他们名字中的一部分（如"坐牛"和"小海龟"）。中国的十二生肖为每个年份都指派了一种动物，而人们相信，每个人出生那年所属生肖的特质能反映其性格。在伊索寓言里，动物的性格体现了人类行为的特性，它们的故事与困境都是人性的教科书。如今，诸如"倔得像头牛""有大象般的智慧"和"狡猾得像狐狸"的表达仍活跃在人们的谈话中。

且不论这些表达、故事或主题是否准确，人们在动物行为与人类行为之间建立联系的情况，很大程度上体现了人们渴求了解自身及他人的心理。本书旨在帮助读者了解和应对一类难相处的人，我们称之为"豪猪型性格者"。

这是为什么呢？要回答这个问题，我们需要来看看豪猪的真实行为与习性。

自然界中的豪猪

豪猪是一种啮齿动物，其表皮上进化出的毛刺被称作棘刺。这些棘刺扎根于皮肤，而每头豪猪身上约有超过 3 万根棘刺。豪猪共有 27 种，分为两大科：旧大陆豪猪（分布于欧洲、亚洲和非洲）和新大陆豪猪（分布于美洲和澳大利亚），其祖先可追溯至3000 万年前。旧大陆豪猪生活在地面上，而新大陆豪猪喜爱爬树。尽管有些品种的豪猪除了树皮、树根、水果、青草和块茎之外还会吃小型爬虫与昆虫，但大部分豪猪都是正经的食草动物（它们只吃植物）。大多数食草动物为了安全会成群结队生活，豪猪的棘刺则是抵御捕食者魔爪的利器，能让它们过上独居的生活。

即使在今天，众人对豪猪还存在误解。希腊哲学家亚里士多德误认为豪猪可以远距离投掷它们的棘刺，或是让其燃烧。豪猪刺也并没有毒性。豪猪的名字本身就是一种误称：它源自拉丁语的"猪类"和"刺"，合起来意为"多刺的猪"。然而豪猪并没有传统意义上的刺，它们也与猪无关（事实上，它们的习性、饮食和脾气更接近河狸）。

豪猪宝宝出生时的棘刺十分柔软，过了数小时便会变硬，成为它们的防御武器。

当豪猪感受到威胁

当豪猪感受到威胁时，每根棘刺下的微小肌肉便会收紧，使棘刺竖立起来，让豪猪看起来变大许多。然后，它们会把棘刺晃得哗哗作响，发出咕噜声和低声咆哮，不停跺脚，试图吓跑袭击者。如果敌人还不放弃，豪猪便会转过身去，竖起尾巴，蜷缩起来，摆出防御姿势。最终，豪猪会向后发起攻击，用尾巴重击敌人，或是用身体去撞击敌人。这会让豪猪身上的若干棘刺留在敌人的身体里。一段时间后，这些棘刺便会在敌人的体内发挥效力，导致感染。

尽管豪猪有着令人生厌的棘刺以及反击力，它们在大型食肉动物面前仍是不堪一击的。美洲的捕食者——渔貂进化出了一种能避开豪猪棘刺的技巧。它们能将豪猪翻个面，使其毫无防备的柔软下腹暴露出来。

豪猪型性格者

除了应对威胁或侵犯的方式不同，豪猪型性格者大概与其他人并没有多少差异。不过话说回来，就像自然界里的豪猪一样，他们虚张声势不过是为了吓跑敌人而已。

不幸的是，豪猪型性格者的这种防御性行为从各方面意义上说都太少、太迟了。换句话说，只有当你已然触到他们的底线，而他们也已经开启了防御模式时，你才知道他们属于这种性格。然后，你打算如何慢慢进入他们的领地？如何挽救局面？如何找寻最佳方式来避免未来的冲突？

首先，你需要更深入地了解豪猪型性格者，然后改变你的行为。

第二部分

认识豪猪型性格者

彼此相爱，就能得到幸福。这有多简单，就有多困难。

——澳大利亚漫画家迈克尔·罗尼格（Michael Leunig）

当你遇到豪猪型性格者时，下面的一些特殊技巧能帮助你应对他们，甚至能让你和他们发展出良好的关系。不论你在何地与他们相遇，也不论你们是初次见面还是相识多年，提前准备一些有效的相处策略都至关重要。若你具备相关知识和正确态度，不仅能扭转糟糕的局面，一旦熟练应用，还能完全避免发生不愉快的事。这些方法幽默、充满智慧与实用性，可以应对任何一只多刺的豪猪。

留心预警信号

豪猪型性格者的"棘刺"通常以激烈、大声的言辞为表现形式。注意观察并掌握这些预警信号，能帮你在他们变得具有攻击性前先一步获得主动。

收好你自己的刺

豪猪型性格者的防御行为可是会传染的。在与豪猪型性格者发生争执时，很多人自己也会进入防御模式。不要这样做。要始终试着去理解，对豪猪型性格者来说问题的核心是什么，而不要满足于大战一场，这两种行为有着极大区别。

因此，后退一步，做一次深呼吸，再尝试一次。

可别让你自己的刺伸出来支配一切。

尊重豪猪的底线

　　豪猪在受到惊吓、走投无路时展现的攻击性不过是用来躲避危险的最后手段而已。我们应当谨记这点。豪猪型性格者常常是出于恐惧因素发起攻击的，我们如果尊重他们的底线，便能避免其发作。

考虑豪猪的真实需求与恐惧

　　豪猪型性格者就像刚出生的小豪猪一样，原本是柔软的。然而一些消极经历、恐惧和失败的人际关系迫使他们加固自己的壁垒，锐化了自身的棘刺。

　　我们应当认识到，他们身上因为过往伤痛而形成的棘刺已经成为他们人格的一部分，他们并不是有意伤害我们的。当我们试图与他们沟通时，这种视角能让我们学会理解他们，对彼此的相处大有裨益。

找寻柔软一面

即使是豪猪，也有柔软的一面——腹部。需要记住的是，你总能通过一些密切的观察和谨慎的策略，找到豪猪型性格者情绪上的柔软面。总有一个话题能让他们每次谈及时都心情愉悦、面带笑容。这个话题可能是对某些事物的热情、某个嗜好或是一件关于他们所爱之人的趣事。

你可以了解什么会让你面对的豪猪型性格者感到愉快，并主动向他们提起。这样一来，你会给他们一种你格外关心他们的感觉。

做个体贴的人

爱那些难相处的人，需要极强的同理心。请花点儿时间询问自己：他们有什么感受？如果是我用这些棘刺保护自己，我会是什么感受？那么，与像我这样的人相处会是怎样的情况呢？你如果想对豪猪型性格者展现责任感和关爱，需要具备成熟的情感，并能灵活地体会他们的感受。

给予豪猪注意力

你需要关注豪猪型性格者，将很多注意力投放在他们身上。如果你认识的那个豪猪型性格者不喜欢吵闹的音乐或是辛辣的食物，那么投其所恶无疑是自找麻烦。有时，仅仅是避免冲突便能让一切大不一样。

了解他们的喜好

每个人都希望自己是与众不同的，豪猪型性格者也不例外。假如你家的豪猪型性格者喜欢在结束一天的工作之后喝一杯红酒放松，那么就在她到家之前为她备好一杯。你家的豪猪型性格者喜欢在周日下午不受打扰地看一场足球赛？那便做好规划不在那时与他抢电视，让他能尽情享受一段美好的时光。

提前考虑他们的需求是成功的一半。没有什么比表现出你对他们的关怀更能让他们收起棘刺。

也要清楚你自己的喜恶

　　爱一名豪猪型性格者是一件需要你们共同努力的事。这是一个关于交流、教育和发展意识的过程，需要双方参与。这意味着你也应该关注自己。我们有责任让所爱之人清楚我们自己的需求，正如他们也有同样的责任让我们了解他们的需求。

谈谈你们的刺

应对防备心强的人最好的方式是让他们告诉你他们的雷区在哪里。而通常情况下，要做到这点，最好的方式是告诉他们你的雷区。这种交流能让他们感受到你可以理解他们的经历，对他们的沮丧感同身受。

展示你的软肋

有时，暴露自己的弱点可以作为最强的防御手段。承认你的恐惧与忧心，豪猪型性格者便会知道你们都有弱点。这能打开一扇沟通之门。

你的分享能让豪猪型性格者获得足够的安全感，从而与你讨论他们的弱点。

保持安全距离

不要朝豪猪的棘刺冲过去，除非你已准备好处理冲突（记住，只要你不自己撞上去，棘刺是伤不到你的）。在你已有万全准备或者对方冷静下来之前，要避免正面冲撞对方的棘刺。

豪猪并非针对你

　　有时，尽管豪猪型性格者是被你激怒的，但他们的脾气几乎与你无关，甚至可能完全没你的事。他们的攻击性源于对自身某些问题的态度，你越理解这点，便越有动力找寻对双方都好的解决方式。

专注眼前的豪猪

在拼尽全力去理解一个你需要面对的豪猪型性格者时，就不要管那些陌生的豪猪型性格者了。不然你会没有足够的精力好好应对你应该面对的那个。

因此，最重要的便是尽力避开陌生的豪猪型性格者。如果你遭遇了莫名其妙的攻击（包括出租车司机的暴脾气，或是明显心情糟糕的店员的不友好），尽力无视他们的坏脾气。把精力留给与你最亲近的那个豪猪型性格者吧。

以德报怨

豪猪型性格者在感受到威胁时才会发动攻击，所以，若想让他们卸下防备，就试着用友善来回应吧。通过温和的言语和慷慨、体贴的态度，我们可以减轻豪猪型性格者的忧虑。

你面对的豪猪型性格者一旦知道你没有敌意，便会收回棘刺，与你重建和平。

适时叫对方的名字

每个人在听到自己的名字后都会平静下来。用温柔的语气呼唤豪猪型性格者，安抚他们一切都会好起来。

未雨绸缪

如同对生活中的大部分事物那样，事先做好准备是很有用处的。在潜在的冲突发生之前，考虑好你将如何应对豪猪型性格者，然后按计划行动。同时，定好行动方针也能帮助你避免变得戒心十足。

克制愤怒情绪

忍耐是一种美德，理解也是。应对一名豪猪型性格者时，你需要付出大量的忍耐与理解。要克制住怒火，在应对任何冲突与困境时，耐心与理解最为重要。

不带入自己的问题

不要把自己的问题带入和豪猪型性格者的交流中。否则的话，你很可能会感到非常挫败，这意味着你掉进了对方的圈套。换句话说，你会渐渐变得像对方一样容易失控。

因此，请深吸一口气，重新平复心情。让豪猪型性格者咆哮去吧，你已经收获了平静与智慧。

脸皮要厚

如果你的脸皮很薄，你会很容易被豪猪型性格者的焦虑刺伤。所以设法变得厚脸皮一些吧。而且遇事不要立即回应，慢慢来，做一只乌龟！你的豪猪会很快将精力燃烧殆尽，一旦如此，你便是胜者。慢且稳的策略会帮你赢得这场比赛！

保持自制

在和豪猪型性格者的相处中，你的压力、焦虑和坏习惯是决定你们之间关系如何的重要因素。请记住，你和豪猪的关系需要彼此共同努力维护，而且你必须在交涉中考虑周全。你如何行动，如何表达，如何回应——甚至如何微笑——都会影响结果。因此，不论发生了什么，都请保持自制，不要被你的情绪左右。

懂得适可而止

好了，现在你在与豪猪型性格者谈话时陷入了愤怒，你所说的每一句气话都不是你真正想表达的意思。那你该怎么办？

停下来！

你会挥舞着红旗去进攻一头公牛吗？你会在满是食人鱼的池塘里练习仰泳吗？不会。所以，为什么你要跟一只豪猪比拼呢？如果你的豪猪后撤了一步，晃动棘刺，那么你就该退让了。

寻求他人建议

　　能帮助你和难相处或防备心重的人相处的最佳资源是其他人！你可以向朋友、同事或者邻居们寻求建议。他们的生活中常常存在同样的豪猪型性格者。倾诉能帮助你卸下包袱，还有可能为你提供一些策略。

给对方发泄渠道

每个人都需要发泄。因此，如果你面对的豪猪型性格者需要发泄，就让他们发泄。事实上，鼓励他们尽情发泄是实现转变的关键步骤。毕竟，你面对的豪猪型性格者会如此多刺，一部分原因可能是他们在每次需要表达情绪时都碰到了障碍。不知道该用什么方法表达情绪的交流会让人感到恐惧。所以，要鼓励他们发泄出来，让他们学会表达。

请记住，你可以帮助他们。你的爱护与关注是让他们平静下来的第一步，且至关重要。

给豪猪时间

豪猪型性格者的需求与恐惧息息相关，发现和解决这些问题需要一定的时间。不要仓促行事，需要时就花些时间。你的耐心会令人安心。

先解决豪猪的情绪，再解决问题本身

我们总是会关注人的行为，而非行为背后的动机。这是一个严重的错误，因为事实上，行为背后的动机才是最急需应对的。

你和豪猪型性格者发生冲突时，首先要考虑他们的动机。他们在行动前感受到了恐惧吗？若是如此，是什么让他们这样恐惧的？沿着这些思路考虑，能帮助你确定以后该如何减少他们的恐惧。

不要忘了，豪猪型性格者的防御模式是一种情绪反应。只有解决了情绪问题，你才能平息他们过于激烈的反应。

给豪猪安全感

想让豪猪型性格者收回棘刺，最好的方式是让他们相信你值得信任。你需要有同理心，坦率、诚实地与他们交流。如此能让他们明白，如果有问题出现，那么其根源一定在别的地方。

告诉他们，他们与你在一起时是安全的。

就事论事

我们常常会夸大他人的行为（"你总是迟到！""你从不告诉我你的感受！"），这是因为我们忽视了重点。如果你不这样以偏概全，与豪猪型性格者交流起来会更容易。所以，试着说得具体一些。对方是做了什么才惹恼了你？从这一点着手，弄清你恼怒的原因和经过。举例说明，但不要吹毛求疵。

在这种情况下，豪猪型性格者不准备维护自己是不太可能的。不过，把自己当下的感受表达得具体、简明一些，能给他们大量信息去思考。你的就事论事能让他们不至于反应过度。

适度妥协

每次与豪猪型性格者的推心置腹都需要你的情感付出。这是一件好事。只要求一方付出的关系，并不是真正良好的关系。无论如何，这都意味着你需要作出一些妥协。而妥协可能意味着你要改变自己的行为。这是在告诉他们，你言出必行，且你在为你们之间的关系负起属于你的 50% 的责任。

去问，不要盲猜

恐惧源于未知。因此，如果你不确定豪猪型性格者的恐惧来自何处，就不要错误地去假设他们的行为动机。相反，你应该让他们自己解释。这样一来，他们的防备心便会减轻不少（你的好奇心是个好东西），你便有机会学到一些东西。

不要指责

没有什么比指责更容易刺激到豪猪了。因为指责一个人意味着他／她必须承担全部责任，而这又抹消了理解与妥协的所有可能性。对豪猪型性格者来说，指责位于信任与交流的对立面。因此，指责是他们最害怕的事物。

因此，当你面对豪猪型性格者时，请不要指责他们。这意味着永远不要使用"你"或"你们"（比如"在你做这件事时"）。否则，他们会立即进入防御模式。请对他们具体说明他们的行为如何影响了你，不过要表达出你自己的感受，而不要对他们表示指责或评判。

不要只为吵赢

一段关系中不存在胜利者和失败者，与豪猪型性格者的交流亦是如此。如果你努力想"赢"，那么你必输无疑。

这并不意味着你与豪猪型性格者的关系中不存在"胜利"的概念。任何交流，只要能促进彼此的诚恳与宽容，提升表达与改变的意愿，便会成为你们共同的胜利。毕竟，你们是一个团队。

对事不对人

任何人在接近豪猪型性格者之前都需要做好充足的准备，其中尤为重要的一点是能区分他们本人及其行为。这两者不能混为一谈！

我们尽管不可能总是认可他们的行为，但我们不能忘了我们为什么关心他们。我们可以不赞同他们的行为，也可能为之所伤，但他们本人仍然是我们优先关怀的对象。我们可能会对某种行为失望，但仍然对行为的主人保持着珍视与尊重。

在与豪猪型性格者的每一次相处中，都向他们展现关怀与尊重吧。

避免被操控

在遭遇困境时，谁不曾开启防御模式、指责、说谎或者逃避？不幸的是，这些应对方式是人类的天性，且在豪猪型性格者中屡见不鲜。因此，在应对他们前，你要准备好从未使用过的心理策略。"我很难相处？你不难？"（这种循环实在与"我是胶棒，你还是胶水呢"没什么不同）。当这种循环开始时，你要准备好反抗。不要让豪猪型性格者把你带进陷阱，抵消你所做的一切努力。豪猪因为充满恐惧，会通过这种手段来逃避问题，但终将一无所获。

因此，要保持冷静，控制场面。

树立榜样

在应对豪猪型性格者时，你需要给他们树立一个好榜样。因此，如果你希望豪猪型性格者变得乐于沟通、善解人意及慷慨大方，你自己就应该避免进入防御模式。

树立一个榜样就是在告诉对方：你在为彼此而努力改变。

通过提问引导

"苏格拉底式教学法"（以希腊哲学家苏格拉底命名）的核心是提问，而非说教。通过提出正确的问题，你能够引导豪猪型性格者向你的观点靠拢，而且能让这个过程看起来完全是由他们自己主导的。

不要抱怨他们的行为或反应，而应该就他们对事件的解释进行提问。比如："你在做这件事时是什么感受？"或者"当这件事发生时你有什么感受？"向对方展示你的关心（这会让他们很受用），并不要仅仅从你自己的角度讨论问题，你便能鼓励他们敞开心扉。接下来的事你也就知道了：你们将一起认识到他们身上的某些方面，而在此之前也许你们都不了解这些方面。

尽力做好自己

与你的豪猪相处需要你尽最大的努力，这一点想必已经很清楚了。你需要有耐心、善心与爱心。你需要懂得慷慨、理解与共情。简而言之，想去爱一只豪猪，我们必须努力成为最好的自己。

不要看轻对方的感受

你没有立场肯定或否定其他人的感受。因此，不要看轻豪猪型性格者的恐惧、焦虑或担忧。如果他们的感受如此——强烈到影响了自身行为——那么这些感受应当被尊重，我们也应该去找寻解决之道。

不要颐指气使

你应对某种状况的方式可能并不适用于豪猪型性格者，你必须接受这一点。换句话说，你要做的是与他们分享，而不是要求他们与你分享什么。解决方式可能在你看来是十分明确的，但这并不重要。重要的是什么方式最适合你面对的豪猪型性格者。接受这种局限，对于找到与豪猪顺利交流之道而言是至关重要的。

不要打断对方

在别人说话时打断对方是一种打压行为，暗示你要说的话比其他人的更重要。当与一个豪猪型性格者相处时，这一点尤为危险，更不用说这样做不够替他人着想了。

让豪猪型性格者畅所欲言吧。要礼貌，在轮到你说话之前不要抢着说。

说话，说话，多说些话

让豪猪型性格者说话，通过提问来鼓励他们不停说下去，一个忙着说话的豪猪型性格者是没空去思考和感受周围的，这可避免将他们逼入防御模式。更好的是，他们的大量言论能为你提供线索，找到他们被激怒的原因。将来，你可以借助这些信息来与他们更好地发展关系。

承担责任，然后道歉

道歉其实并不能让人安心。毕竟，"对不起"几个字不代表任何承诺。要求道歉的本质是要求承担责任。换句话说，我们首先需要知道自己都做了什么，然后坦然承担责任。接下来，也只有在做了这些以后，才能向对方致以诚挚的歉意。我们可能会因此承担一些后果，但是，有意义的道歉是前进的唯一道路。

清楚地表达你的需求

你如果从未花时间划清界限，便不能指责豪猪型性格者过界。换句话说，只有当你清楚地表达了自己的需求与底线，他们才能尊重它们。因此，需要走出第一步的是你：告诉他们你的原则和需求。

放弃争对错

没有人会永远正确。事实上，大多数人在很多时候都会犯错。我们不完美，却总是自豪地暗示周围人，我们将一切事务都处理得井井有条。我们还会更加坚定地自诩完美，声称问题出在他人而非自己身上。

在你与豪猪型性格者的相处中，这种防御模式绝对是个祸根。记住：我们之间存在太多的问题需要彼此一起努力与改进，还有很多坏习惯需要彼此共同克服。

保持谦逊吧。执着于争对错是毫无意义的。

成为一个好伙伴

你能给予豪猪型性格者的最好礼物是让他们产生不再孤单的感觉。如果他们正在经历一个艰难的时期，或者正在应付意料外的不幸，你要让他们知道，你会一直陪伴在他们身边，随时可以提供支持。这能带给他们跨越坎坷时所需的慰藉，还会巩固你们之间的关系。

记住，你们是站在一起的。

第三部分

豪猪的栖息之所

我总会把每个人想得最好，这能省很多麻烦。

——英国作家鲁德亚德·吉卜林（Rudyard Kipling）

我们已经介绍了一些与豪猪型性格者沟通的通用策略。现在，是时候讲一些更具体的内容了。豪猪型性格者的行为会随着他们所处的环境发生改变。例如，在工作场合中应对一只豪猪的正确方式与在家里是大相径庭的。

　　在接下来的章节中，我们将针对他们所处的不同环境，提供相应的策略。

豪猪型同事

从周一至周五，我们大多数人和同事相处的时间远多于和家人以及朋友相处的。这么长的时间可以让上班变得非常有趣，也有可能使其变成煎熬。

这是为什么呢？因为在工作场合，总是会存在一两个豪猪型性格者。他们可能是喜欢大呼小叫的老板、喋喋不休的同事、性格孤僻的同事以及一些似乎永远看不到事物积极面的悲观主义者。因此，当你感到有一只"工作豪猪"让你度日如年时，你会怎么做？如何与一个你必须与之共事的豪猪型同事相处？

不要放弃努力。下面的方法能让你在工作时更加顺心，让你可以再次享受工作——甚至与你的豪猪型同事其乐融融。

坚持立场

我们发现，将一般的矛盾升级为激烈的冲突，是豪猪型性格者的天性。通常，这种情况会发生在豪猪型性格者认为需要维护自己权益的时候。由此可见，如果豪猪型性格者防备心高涨，很可能是因为你踩到了他们的痛点。换句话说，你引发了一个工作关系问题，而这是需要解决的。

因此，下次你的老板再大呼小叫、棘刺直竖时，你不能退缩。如果你的抱怨或忧心是合理的，你完全有权利表达。况且，你有表达的责任。不论对方的气势有多强，只要你是正确的，你就应该坚持自己的立场。

但是不要偏执

你需要保持坚定，但不能固执己见。坚定意味着运用社交方法，找到卸下豪猪型性格者的防备心，让所有人而不仅仅是你自己认可的方法。如果你立场坚定、充满自信并对各种可能的方法持开放态度，你便不仅能顺利实现沟通目的，还可以为你面对的豪猪型性格者与其他同事树立起一个好榜样，引导他们学会为彼此着想。

提出好问题

什么算是好问题呢？如果你的老板因为你提到一个小问题而激动起来，这可能是因为后面有更大的问题，比如截止期限快到了。不要管细枝末节，而要用一个机智的提问直指事情核心。为什么不这样说："你看起来很着急，我也一样。我该怎么做才能追上进度呢？"

一个直截了当的问题能指出豪猪型性格者的焦虑的本质，帮助你们共同进步。

不被情绪带着走

一旦你提出问题，受到天性驱使的豪猪型性格者可能会在回复中开启防御模式，对你大加指责。请记住：要保持立场坚定。尽力压制一味为自己辩护的冲动，提出另一个问题。很快，对方便会明白你是在努力帮忙，目的不是仅仅指责或揭露什么。但凡优秀的老板，都会很快意识到这点，继而让步。

通过审慎的方式提出的好问题，会引导人们思考出一个好的解决方案。

用心倾听

倾听可以让你从对方潜在的敌人变为盟友。倾听可以帮你获得对方的信任。倾听可以阻止你制造问题，反而能让你成为有用信息的提供者，继而得出解决方法。

试着从豪猪视角看待事情

很多时候，豪猪型性格者的焦虑都是情有可原的。于是，你的同理心便又一次成了最佳策略。试着联想一下，如果你遇到了问题（不论是什么），你会有怎样的感受？与对方分享这种感受。当他们发现自己并非孤立无援时，他们的戒备心便会有所降低。

展示支持

工作场所这种充斥着激烈竞争的地方很容易激发出豪猪型性格者最糟糕的一面。不要延续指责-反驳的恶性循环，而要用共情、坚定和体贴来平息职场的竞争压力。这是让我们跳出争斗怪圈的最佳方式，能让我们进入一个更有意义的新型共存模式。

寻找共同兴趣

诸如举办节日庆典、组织打保龄球或公司野餐等活动的好处，是可以帮助同事之间互相接触与了解。因此，如果你的公司没有这些业余活动，那么你们应该策划一些。可以去看一场球赛、逛公园或者在周五下班后看电影、喝咖啡。你很有可能因此发现自己与同事之间的很多共同点。在非正式的场合发掘这些共同点并与彼此分享，能让你们未来的相处更加顺利、高效，还能建立起团队合作必需的信任。

在发生冲突时，人际交往技巧能起到至关重要的作用。努力去深入了解你的同事吧。

学会协商

协商是一门艺术。若想协商获得成效，分歧双方必须理解对方的需求与要求，不能感情用事，并要专注于事实。这便是与豪猪型性格者沟通的关键。

因此，积极协商吧，和豪猪型性格者就某些事讲好条件。

勇于认错

承认错误（不等同于道歉）是一种健康、重要的情感行为。通过为你的所作所为负责的行动，你会为豪猪型性格者树立一个榜样。如果可以不必为承认错误而感到羞愧，那么也不必害怕受到指责。豪猪型性格者与你相处时，便又多了一个可以放松的理由。

家庭生活是社会的基本构件，是社交最初的舞台。因此，家庭生活可能为我们提供成长路上必需的发展工具，也可能反过来因为不安全感和不良习惯而对我们造成消极影响。正是在家庭这个网络中，我们建立起自己的身份，学会了如何与他人相处。

　　因此，家庭生活是你学习如何与豪猪相处的大本营。我们很多人都需要应对难相处的配偶、难管教的孩子或者爱挑剔的父母。而应对他们的方式在很大程度上决定了我们日常生活的状态。

　　以下是一些技巧。

豪猪型伴侣

　　与一位豪猪型伴侣相处是一件很辛苦的事。他们不仅要与我们共同生活、分享我们生活的点滴，还会住进我们的心里。这便意味着他们身上的棘刺更会令人感到痛苦。这些伤害不仅会诱导我们开启防御模式——释放我们内心的豪猪，从长远来看，还会对彼此的关系造成许多损害。不过值得欣慰的一点是，我们可以通过事先准备和耐心经营来保护自己，努力找到问题的解决方法，重新享受与豪猪型性格者在一起的生活。

　　在这一部分，我们会介绍一些应对豪猪型伴侣的方法，在这些方法下，你依然可以爱真实的对方。通过这些小技巧，你可以与对方建立更加亲密的关系，甚至可以让你的豪猪型伴侣收起自己的棘刺。

理性解释

与豪猪型性格者的沟通技巧中有一个通用原则，那便是理性。豪猪的防御模式经常在情绪激动时被触发。如果你能冷静而坚定地把问题解释清楚，便能减少刺激，让他们不至于反应过度。

冷静、理智地分析让你的豪猪型伴侣感到不安的情况，会在很大程度上帮助你平息他／她的感情波动。

要爱豪猪，必须先爱自己

在有效应对自己内心的豪猪后，你才能更好地应对生活中的豪猪。这个过程是如何实现的呢？

首先，内心的毫猪有助于你锻炼应对情绪的能力。你可以将它视作正式行动之前的陪练。

第二，它能让你更富有同情心。你在处理过自己内心的恐惧后，便会了解面对自身弱点是件多么艰难的事。这能增强你的耐心。

第三，它会让你成为榜样。你的勇气和坚定会鼓舞你生活中的豪猪型性格者们。

你们只是存在分歧

不要说"我们吵架了"，而要说"我们有些分歧"。毕竟，"争吵"一词不是结果导向的，而仅仅指唇枪舌剑的行为过程。"分歧"则暗示着你们很可能找到一个解决方式。分歧不会被视作没有转圜余地，而可以被看成在达成最终一致之前的临时阶段或者铺垫。

识别并避免陷入僵局

你们需要齐心协力找出解决之道，而这又需要冷静、理性的交流。首先要明确认识到现存的问题，再去除你的所有情绪，然后直指问题的核心。要避免陷入僵局，如无谓的指责、哭闹、哄骗、负罪感泛滥等情况，专注通过合作解决问题。

谨慎地选择交谈时机

你们绝不该在争吵时尝试沟通，这很重要。你应该计划一个合适的时间，针对存在的问题召开一次家庭会议，或者进行一次一对一的交谈。然后，用冷静体贴的措词，询问你的豪猪型伴侣到底是被什么惹恼的。

要注意的是，由于豪猪型性格者自身防备心很重，他们会默认你也会进行防御，会对指责矢口否认，甚至无理取闹地倒打一把。不要意气用事，不要掉进豪猪的陷阱。你要用安慰对方的语气，继续致力于挖掘问题所在。

很多时候，你一旦知道了问题的来龙去脉，就不难找到解决方法。

重要的第一步是谨慎选择交谈的时机，如此一来，你便掌握了主动权，不会被豪猪型伴侣带着跑了。

提供选择

　　假如，你和你的豪猪型伴侣在交谈过后得出的结论是，他/她需要一个人静一静。现在，是时候去找一个对彼此都有益的解决方式了。

　　找一些有效的方法，让他/她能在做家务的同时拥有独处空间。比如，洗碗可以安排在孩子们入睡后，遛狗的同时可以自我放松。通过这种办法，你的豪猪型伴侣在得到所需独处时间的同时，还能继续参与这个家庭的活动。

一起努力

一旦提出了一个计划，请你们务必认真执行。

与你分享了自己的感受后，你的豪猪型伴侣需要知道你是可以信任的同伴。你们需要齐心协力来巩固彼此的关系，如此一来，你的豪猪便会知道，你支持和认可他 / 她经过改善的新行为。而表现这点最好的方式是实际行动。

所以，定下一个计划，一起努力实现它。

坚持不懈

没有什么比三天打鱼两天晒网效果更差了！要坚持不懈，始终如一。节食减肥、埃及金字塔的建造和积极的人际关系有一个共同点：它们都需要花时间。

做一个行为榜样

以身作则，为你的豪猪型伴侣和其他家庭成员树立一个榜样。开诚布公地谈论彼此的关系，接受别人对你的行为的批评，这些行为都将有助于你的豪猪型伴侣学习应对令人不适的处境。

不轻言放弃

　　有时，你会感觉自己好像是唯一在努力的。不过你需要知道的是，你的一举一动，豪猪型伴侣始终看在眼里。你需要用耐心、同理心和支持鼓励来展现你的爱。爱能教会你的豪猪型伴侣如何收起棘刺。

　　当你准备放弃时，你的豪猪型伴侣会给你惊喜。

寻找共同兴趣

　　不要陷入惯性思维，和你的伴侣共度休闲时光吧。这是打破桎梏最迅速的方法，其内容可以是一次家庭旅行、一次邻里游戏之夜、一次电影或烧烤之旅。走出乏味的日常生活圈，你的豪猪型伴侣可能会变得兴高采烈，从而忘掉所有关于棘刺的事。

停下脚步，细嗅蔷薇

在精神压力较大的时候，花些时间来观察一些不起眼的小事物是一种格外有效的减压法。忧虑可以把任何一个人变成豪猪，因此要记得每天拿出一点时间，将你的忧虑放在一边，专心品味一些微小而单纯的事物。这样做同样能给你注入活力，让你能更好地应对你的豪猪型伴侣。

保持幽默感

　　有时，保持幽默仿佛是世界上最难做到的事。不过，不要屈服于消极情绪。当你发现自己的豪猪型伴侣很难改变性格，你也不要太过沮丧。换个角度，试着去体会这种情况的有趣之处……你至少可以安慰自己说，人类真是奇妙的生物。

要大笑，不要吼叫

如果大战一触即发，请尽力扭转局势，不要出口伤人。正如我们之前了解到的，吼叫的背后是满满的恐惧。而另一方面，大笑则充满了自信、肯定与活力。

因此，去尝试一些有趣的事物吧，只为你们开心。也许，那正是你们彼此都需要呼吸的新鲜空气。

爱是无尽的宽恕，是已成为习惯的温柔凝视。

——英国演员彼得·乌斯蒂诺夫（Peter Ustinov）

改日再议

如果时机不对（你工作后已筋疲力尽，宝宝正在哭闹，锅里的面条熟了），你要灵活一些，将预定好的交谈计划延期。这能避免一时激动的消极影响，让你们彼此都有机会反思现存的分歧。如果双方情绪不对，便没道理在这个时候推进交谈。不过，务必要尽快另选一个适合彼此的时机。

豪猪型子女

如今，随着即时通信和网络社交工具的盛行，我们的孩子在建立起成熟的三观之前就已经参与到人际交往与社会事务中。父母有责任确保孩子形成清晰的自我认知，不沉溺于缺乏意义甚至危机四伏的网络生活。孩子们如今面对着许多干扰——网上视频和电脑游戏、有少儿不宜的语言或内容的电影、聊天工具和大量直接向他们推广的商品，父母必须着手应对这些挑战。

尽管如今的网络带来了诸多挑战，然而在许多方面，如今的豪猪型孩子与十年前的没什么不同。在父母教养子女时，说到做到、诚实守信、条理分明仍然是非常重要的原则。当你的孩子脾气变坏时，这里有一些方法能让你成为一个好爸爸／妈妈。

解释你的价值观

很多时候，我们只有在具体问题出现后才会教育孩子，塑造他们的道德观，这似乎是一种默认的模式。例如，在抓到孩子撒了谎之后，我们才会告诉他们，不能说谎。当然，那时已经太晚了。

你要做的是在问题出现前就告诉孩子，什么是可以接受的，什么不可以——尤其是关于信仰、宽容、诚实、信用和慷慨。这能让你的孩子在下次接受教育时更容易理解，最终能帮助他们在成长路上明辨是非。

探索你的价值观

向孩子传达你们的价值观的一个环节是与孩子讨论它们——在有些时候，你更需要维护它们。这不但是父母帮助豪猪型子女发展道德观的重要步骤，也能促进父母的成长。当你的孩子问"为什么"时，你应该给出一个答案，或是积极地去找到一个答案。有些问题不一定有简单的答案，不过你可以与孩子坐下来一起讨论，引导他们探索一种尊重家庭和他人价值观的更好的方法。

紧扣主题

　　豪猪型子女（从仅仅是乱发脾气的小孩子到已经发展出一种偏激态度的大孩子）会在争论中通过跑题来达到防御的目的。除了使注意力从攻击行为转向其他人或事上，指责和解释还有什么其他用处吗？这是典型的声东击西技巧，不要掉进它的陷阱。相反，要记住，想和豪猪型性格者就一个分歧迅速得出结论，最好的方法便是紧扣主题。

　　永远不要被带跑。

不要说教

可以向豪猪型子女解释，也可以和他们一起探索，但是不要说教。在和豪猪型子女交流时，你是在试着帮助他们表达自己的感受。而说教会剥夺他们表达的机会。所以，不要说教，而应该用交流的语气，来鼓励他们参与话题。

展示自己的脆弱

许多父母认为自己应该成为完美无缺的"超人"，才能受到孩子们的尊敬。事实恰恰相反。只有你展示了自己的脆弱，让孩子们知道你要和他们遵守同样的规则，也会失望沮丧，会与人发生冲突，才能让你的豪猪型子女明白他们并不孤独。你要向他们展现你的努力，让他们知道，你能够理解他们为什么会偶尔伸出棘刺。然后，你便可以进行下一步：告诉他们，我们有比发脾气更好的办法去处理这件事。

言出必行

这个道理很简单，却影响深远。

你想让你的孩子如何为人处世，那你便要做出相应的表率。

了解豪猪型子女的喜好

你与豪猪型子女的关系中需要有分享和交流。我们已经知道，一段关系中若一直只有一方有发言权，那便不是对话而是谩骂，注定会让所有参与者失望。

同样，父母永远不该将自己的喜好强加给孩子，而是应该稍微扩展一下自己的思想，用心去了解孩子的喜好。如果你的豪猪型儿子喜欢听某个硬摇滚电台，那么下次你们开车时就听这个台。你不用假笑着忍受对你来说难以接受的东西，而是有什么观点都可以直说。如果有些东西你觉得不错，就告诉他。你不喜欢的部分，也要让他知道。用一种冷静、不卑不亢的态度来表达你的喜恶，你便可以向孩子展示正确的沟通方法是怎样的，你们还可能做一些有趣的探讨。

谨慎进入豪猪的地盘

在野外，当豪猪的领地遭到侵占时，它们会进入防御模式。我们的孩子也是如此。如果一个豪猪型孩子禁止父母进入自己的房间，那么任何造访都如同一种侵犯。

请尊重孩子对个人隐私的需求，得到允许后再进入他们的房间。如果你能够进入孩子的房间，请在他们写作业时多陪伴他们，这样他们便会感觉到你是朋友，而非敌人。

从自我控制开始

如果你也经常捧着手机发信息，那就很难让你的孩子做到少看手机。所以，为什么不在家庭生活中插入一段"不碰手机时间"？这种时间可以是饭点、工作日晚上8点后或者周末。投入数字世界的时间越少，就意味着投入现实世界的时间越多，我们便越有机会了解身边的人。

我们有时候会利用科技来逃避眼前的困难。要改变这种倾向。

回归省钱又省电的娱乐方式

想与电视、游戏机、手机、电脑和其他娱乐设备争夺与豪猪型子女相处的时间绝不容易。因此，父母要确保每隔一段时间就把电视、电脑和游戏机关掉，拿出扑克牌或棋盘游戏来。如果你的孩子不知道游戏规则，那就教给他们，带他们玩任何你会玩的游戏。很多时候，你不仅能玩得尽兴，还能见识到孩子们的另一面，这是你们都盯着电视屏幕时不会了解到的。除此之外，这还能给你们全家带来欢笑，成为最美好的回忆之一。

爱是一种认为对方的幸福对你的幸福至关重要的状态。

——美国科幻小说家罗伯特·海因莱因（Robert Heinlein）

倾听与倾诉同等重要

如果一个人说的话远比听的多，那么此时的交流便不叫对话，而叫独白。你要克制自己，不要自说自话，相反，你应该多提问，让豪猪型性格者参与对话。当他们开口时，比起一味抱怨，要给他们足够的解释空间。只要他们需要，你便要好好当一个聆听者。

豪猪型父母

作为成年人，我们都希望能保持独立，同时也想与父母保持好关系。如此一来，事情就会变得比较困难。我们爱自己的父母，却会过于在意他们的错误与缺陷。我们爱自己的父母，但人生经历的差异似乎是无法逾越的鸿沟。

尽管如此，我们还是希望能够改变旧习惯，与父母建立起有意义的关系。但如果我们的父母是豪猪型的，这个过程会十分艰难。于是，我们要如何与豪猪型父母相处呢？他们可能难以取悦、独断专行、挑剔刻薄，或者根本无法和平相处，更不用说让我们欣赏了。这似乎是一项不可能完成的任务。不过幸运的是，我们有解决方法。

首先，请深吸一口气，再往下看。

过去是过去，现在是现在

对大部分人来说，童年是发展自我意识和自立精神的时期。很多时候，我们增长的自我意识会与父母的情绪、期许和价值观发生冲突。这样的冲突总是充满伤痛，却是我们最终实现独立生活的必经之途。

然而，一些子女和父母无法原谅或忘怀这类冲突的细节。大喊大叫、摔门而出或尖刻挖苦之类的具体场景一直在脑海中回荡，甚至会延续到成年以后。

在与豪猪型父母相处时，请记住：过去是过去，现在是现在。我们的"现在"可能包含了过去的影响，但它也可以成为一个崭新的开始。换句话说，尽管我们会努力理解我们的过去，但不一定要被它支配。

现在和未来的我们将走向哪里，取决于我们自己。

把父母想象成陌生人

试着做这样一个实验。假设在一架横渡大西洋的飞机上，你的旁边坐着一位年长者，在这个情境中，此人便是你的父亲或母亲，但你还不认识他／她。你要怎样开始一段交谈？你将了解他／她的哪些方面？如何与他／她建立起联系？请尽可能详细地想象这段对话。请思考随着你们越来越了解彼此，这段对话将如何进行下去。也许你们在下飞机后会成为朋友。

这种让双方参与并令彼此感到满意的交谈没有理由不能出现在你家的餐桌上。你和父母身上都有很多彼此不了解的地方，分享的越多，便越有可能发现你们之间的共同点。

换位思考

有些时候，似乎无论你如何努力，豪猪型父母依然不领情。你怎么做，他们都挑得出毛病——你做饭的方式、养孩子的方法、穿衣打扮的风格——他们什么都看不上，这令人非常沮丧。

请记住，你曾经依赖过你的豪猪型父母。如今，情况已经完全不同了。你的父母可能会评论你的育儿方法、房子、生活习惯，以此来维持他们对你的影响力。他们并没有恶意，只是以自己习惯的方式行事。你需要理解他们的行为，并明白改变对他们来说是需要时间的。

你的冷静与体贴将会平息大部分冲突。

尊重父母塑造的形象

每个人（尤其是豪猪型性格者）都希望自己以某种形象留在别人的眼里和记忆里，比如才华横溢的舞者、技术高超的渔夫、聚会的中心人物或获奖的面包师。

让你的豪猪型父母来决定他们希望给别人留下怎样的印象，然后和你的孩子一起探索这些身份。他们对自己的认识可能与你尊敬他们的理由不同，但这是他们对自我的评价，是他们希望别人记住的部分。请尊重这点，然后这样想：你可能会了解到父母人生中某些你从未了解的方面。

让父母参与你的生活

你的父母表现得浑身是刺，有可能只是因为感到寂寞。让父母参与你的日常生活，邀请他们跟你一起看电影，带着他们进城办事，或一起在朋友或邻居家吃一顿随意的午餐或烧烤。让他们计划一些专属于你们的旅行。如果你的行程对他们来说似乎太过紧凑，试着放缓一些，或者鼓励他们参与其他活动。在一天结束时接他们回来，让他们告诉你这一天的体验。

小心地保持冷静

公开的态度能瓦解防御，体贴会打败疑虑，关心能消除恐惧。

立足当下，让父母参与你的生活，向他们传达爱意。

豪猪型陌生人

你是否遇到过心情很差的陌生人，比如态度粗暴的电话客服、傲慢的收银员或臭脸的服务生？他们可能过了糟糕的一天，甚至一个礼拜都不顺。

与他们相处的最好方法是怎样的？毕竟，对他们这样的陌生人，我们不够了解，不知道要平息他们的情绪和挣扎得花费多少时间和精力。虽然我们大概永远都不会再遇到他们，但这并不意味着我们不应该尽力挽救事态。

这里有一些策略，能帮助你避免与豪猪型陌生人在不期而遇时发生摩擦。

好好说话

有些时候，你没有时间好好与人交流，帮他们放下烦心事（即使你好心帮助，有些人也并不领情）。

因此，把事情简单化就好，用友善的语言应对豪猪型性格者。有时，仅仅这样做便能转变对方的态度。

不要自责

在与一个豪猪型性格的陌生人打交道时，如果气氛变得尴尬，请记住，那不是你的错。难堪是对方造成的，该受责备的不是你。

懂得适时放弃

富有同情心并不意味着要做一个软柿子。你遇到的陌生人可能有些闷气想出，你可以鼓励他们以建设性的方式抒发。但如果他们开始对你人身攻击，你完全有权利不再理睬他们。

找经理并不可耻

要求见对方的上级似乎是一种令人难堪的最终手段。但事实上，你的这个要求也许为豪猪型性格的陌生人提供了一个机会：使他们的上级不得不下功夫解决一个长期存在的问题。因此，如果有必要，你可以冷静、礼貌地要求见对方的上级。只要秉持正确的态度，你或许可以发起一次有效的沟通，最终让所有人互相理解，让事情朝着更好的方向改变。

第四部分

住在我们内心的豪猪

不论何时何地，都要用最善意的眼光判断人与事。

——圣文森特·德·保罗（Saint Vincent de Paul）

我们现在应该已经知道，每当遭遇挑战或者受到批评，尤其是我们的某种喜好或举止被质疑的时候，每个人心中的豪猪都会苏醒。

我们都希望自己在某些方面是与众不同的。有些人希望自己工作能力更强，有些人则希望自己更常去健身房，还有些人希望自己能把房间保持得更干净。这些都是我们的痛处，而且你瞧，每当有人提出这些时，我们内心的豪猪便会行动起来。不好好思考别人的意见，也不懂节约自己的精力，而是让棘刺竖起，让内心的豪猪怒火冲天地为我们的工作能力、身体素质或者整洁程度辩护，等内心的豪猪撤退，我们已然引发了战争，浪费了许多精力，还让自己与改变的契机渐行渐远。

请记住，如果你想顺利与生活中的豪猪型性格者相处，最关键的莫过于从最熟悉的人开始。

这个人就是你自己。

对自己绝对坦诚

如果我们不对自己的行为坦诚和负责，就不要期望我们所爱之人会这么做。因此，你要反思自己的错误和缺点——这是改变的第一步。

意识到自己的防御模式

每个人表现焦虑和防备心的方式都有所不同。有些人会大发牢骚，有些人会变得暴躁易怒，有些人会大吃大喝或是难以满足，还有些人会变得冷漠孤僻。

每个人在进入防御模式时都会发出信号，你要学会发现标志你进入防御模式的线索。如此一来，你便可以找到事故的根源，而不是一味地做些毫无意义之事。

承认自己的缺点

到底是什么让你迅速进入防御模式？这又是为什么呢？这些是至关重要的问题，你也许已经有了答案，也许还没有准备好作答。但是，你如果想找到一个解决方法，就必须向自己提出这些问题。如果你需要帮助，可以去问你的爱人、朋友或者心理咨询师。

不要投机取巧

　　直面自我是一种前所未有、至关重要的艰难挑战。在这个过程中，你不要过分苛求自己。但你需要坦诚地面对你应当完成的任务，并全身心投入其中。你要承认自己的缺点，并计划好该如何应对它们。然后，不论你有多想劝自己放弃，都请坚持下去。

后记

　　你已经翻到了这本书的最后一页，我们都非常希望这些技巧对你应对生活中的所有豪猪型性格者有所帮助。最重要的是，我们希望前面的文字传递给你这样一个理念：所有人（即使是那些夹枪带棒的）都需要被爱，也都值得被爱。把这些小技巧运用到你的生活中吧，不必害怕拥抱一只豪猪！

图书在版编目（CIP）数据

如何搞定一个难搞的人 / （美）琼·艾丁编；江璠
译. -- 上海：上海文化出版社，2020.10
ISBN 978-7-5535-1974-6

Ⅰ.①如… Ⅱ.①琼… ②江… Ⅲ.①人际关系学—
通俗读物 Ⅳ.①C912.11-49

中国版本图书馆 CIP 数据核字 (2020) 第 076298 号

HOW TO HUG A PORCUPINE: EASY WAYS TO LOVE THE DIFFICULT
PEOPLE IN YOUR LIFE BY JUNE EDING AND DR. DEBBIE ELLIS
(CONTRIBUTOR)
TALES OF THE WORLD BY LAIMONAS RIMKUS
Copyright: © 2009 BY HATHERLEIGH PRESS
This edition arranged with Media Solutions
through BIG APPLE AGENCY, INC., LABUAN, MALAYSIA.
Simplified Chinese edition copyright:
2020 Ginko (Beijing) Book Co., Ltd.
All rights reserved.

本书简体中文版权归属于银杏树下（北京）图书有限责任公司
图字：09-2019-694 号

出 版 人	姜逸青
策　　划	后浪出版公司
责任编辑	任　战　葛秋菊
责任监制	王　頔
特约编辑	刘昱含
版面设计	李红梅
封面设计	墨白空间·范靖怡

书　　名	如何搞定一个难搞的人
编　　者	［美］琼·艾丁
译　　者	江　璠
出　　版	上海世纪出版集团　上海文化出版社
地　　址	上海市绍兴路 7 号　200020
发　　行	后浪出版公司
印　　刷	北京天宇万达印刷有限公司
开　　本	787×1092　1/32
印　　张	4.25
版　　次	2020 年 10 月第一版　2020 年 10 月第一次印刷
书　　号	ISBN 978-7-5535-1974-6/G.321
定　　价	38.00 元